AF385593

CATALOGUE

D'UNE BELLE COLLECTION

D'EAUX-FORTES

MODERNES

LITHOGRAPHIES

ET

GRAVURES AU BURIN

COMPOSANT LA

COLLECTION D'UN AMATEUR

DONT LA VENTE AUX ENCHÈRES PUBLIQUES AURA LIEU

HOTEL DES COMMISSAIRES-PRISEURS, RUE DROUOT,

SALLE Nº 4,

Le Samedi 18 Avril 1885

A UNE HEURE

Par le ministère de Mᵉ **MAURICE DELESTRE**, Commissaire-Priseur,
rue Drouot, 27.

Assisté de **M. CLEMENT**, Marchand d'Estampes de la Bibliothèque Nationale,
rue des Saints-Pères, 3.

PARIS — 1885

CONDITIONS DE LA VENTE

Elle sera faite au comptant.

Les adjudicataires payeront *cinq pour cent* en sus des enchères.

L'expert chargé de la vente se réserve la faculté de rassembler ou de diviser les lots.

L'ordre du Catalogue sera suivi.

DÉSIGNATION

ADELINE, NIEL, NICOLLE

1 — Vues de Rouen et de Paris. Six pièces. Belles épreuves avant la lettre.

APPIAN

2 — Retour de la pêche à Collioure, — Port de San-Remo. Deux pièces. Très belles épreuves avant lettres sur Japon.

3 — Le Pont des rochers à Nantua, — Les sources de l'Albarine. Deux pièces. Très belles épreuves avant la lettre sur japon.

4 — Les mêmes estampes. Belles épreuves.

5 — Le golfe de de Gênes. Très belle épreuve avant la lettre sur Japon, signée.

6 — Paysages. Cinq pièces. Belles épreuves avant la lettre.

7 — Marines, — Vues, — Paysages. Dix sujets différents sur six feuilles. Très belles épreuves avant la lettre, japon et hollande.

BALLIN

8 — Vues de Rouen, — Vues de la Tamise. Seize pièces. Très belles épreuves avant la lettre sur japon.

BEAUVERIE-CHAUVEL

9 — Paysages. Cinq pièces. Très belles épreuves avant la lettre sur Japon.

BONINGTON

10 — Voyage en Écosse. Six pièces. Très belles épreuves.

BORET (A. DE)

11 — Cendrillon. Vingt et une pièces à l'eau-forte. Belles épreuves.

BORET (A. DE) ET ULM

12 — Almanach. Treize pièces à l'eau-forte. Belles épreuves.

BRACQUEMOND

13 — Au jardin d'acclimatation. Très belle épreuve sur papier du Japon. Signée par l'artiste.

14 — Boissy d'Anglas, d'après Delacroix. Superbe épreuve d'artiste sur japon. Signée.

15 — Paysage d'après Corot. Très belle épreuve d'artiste sur papier ancien.

16 — Femme couchée sur un canapé, d'après Manet. Très belle épreuve d'artiste, rare.

17 — Portraits de M. Robert, — de M. Meyer, deux états différents. Ensemble trois pièces. Très belles épreuves d'artiste.

18 — Ils s'en allaient dodelinant (Rabelais). Très belle épreuve avant lettres sur Japon. *Leroy*

19 — La Servante d'après Leys. Très belle épreuve.

20 — Le haut d'un battant de porte. Très belle épreuve avant la lettre sur Japon! *Leroy*

21 — L'Étang aux canards, — L'Inconnu. Deux pièces. Très belles épreuves avant la lettre sur japon.

22 — Un Figurant. Très belle épreuve avant la lettre sur japon.

23 — Portraits de Legros, — Astruc, — Simart. Trois pièces. Belles épreuves avant la lettre.

24 — Le Canard, — Margot la Critique, — Le Corbeau. Trois pièces. Belles épreuves sur chine. *Leroy*

BRACQUEMOND

25 — Un Buveur, — Paysage, — Promenade vénitienne, — Le duc d'Urbin. Quatre pièces dont deux avant la lettre. Belles épreuves.

26 — Ex-libris, — Asselineau, — Trois différents, — Manet, — Poulet-Malassis. Cinq pièces. Belles épreuves.

27 — Les Tréteaux de Ch. Monselet. Très belle épreuve d'artiste.

BROWNE (H.)

28 — Les frères de Joseph montrant à Jacob la tunique de son fils, d'après Bida. Très belle épreuve avant la lettre.

BROWNE (J. Lewis)

29 — Sujets et croquis. Six pièces. Très belles épreuves avant la lettre.

BRUNET-DEBAISNE et divers

30 — Intérieur d'église, — Vitré, — Rouen. Quatre pièces. Belles épreuves avant la lettre.

BUHOT (Félix)

31 — Un Grain, — Les Champ-Élysées, — L'Embarcadère, etc. Quatre pièces. Belles épreuves avant la lettre.

CALAMATTA

32 — Portrait du duc d'Orléans. Epreuve d'artiste sur chine.

33 — Portrait de Fourier, d'après Gigoux. Très belle épreuve d'artiste.

34 — Georges Sand. Très belle épreuve d'artiste avant le nom dans le fond et avant le nom du graveur sur la console.

35 — Georges Sand. Très belle épreuve avec les inscriptions mais avant la lettre.

CARON

36 — Le Christ au Jardin des Oliviers, d'après Ary Scheffer. Très belle épreuve d'artiste sur chine.

CASANOVA

X 37 — Le Siffleur de Linottes, etc. Quatre pièces. Belles épreuves avant la lettre. *Leroy 1 pièce*

CHAPLIN

38 — Roses de Mai, — Jeunes femmes. Trois pièces. Belles épreuves avant la lettre.

CHARLET

39 — Réjouissance publique. Belle épreuve. Rare.

40 — Waterloo, — C'est mon père, — Siège de Saint-Jean-d'Acre. Trois pièces. Belles épreuves.

41 — Le Laboureur, — Le Tombeau, — La Bienvenue, — L'Allocution, etc. Onze pièces. Belles épreuves.

42 — Que dit-on? — Gaspard l'Avisé, etc. Vingt pièces. Belles épreuves.

CHIFFLART (F.)

43 — Improvisations sur cuivre. Quinze pièces reliées dans un album cartonné. Très belles épreuves avant la lettre.

CLERC (Ed.)

44 — Nouveau formulaire du Notariat, en vers français, par Ed. Clerc-Joyeux. 1re, 2e, 3e et dernière partie. Illustrations à l'eau-forte par P. Gillard. Paris, Chérie, 1877. Broché. Exemplaire grand papier.

45 — Le même ouvrage, 2e et 3e parties. Petit papier. Broché.

CORNILLIET

46 — Jeune Taureau, d'après P. Potter. Gr. in-fol. en largeur. Belle épreuve.

COURTRY (Ch.)

47 — La mort de Marceau, d'après J.-P. Laurens. Très belle épreuve avant la lettre, les noms des artistes tracés à la pointe.

COURTRY (Ch.)

48 — Intérieur d'église en Alsace, — à Rome, — Intérieur flamand, d'après Pillè. Trois pièces. Très belles épreuves avant la lettre.

49 — Vieux loup de mer, d'après Ribot, — Intérieur flamand, — Infante Marguerite. Trois pièces. Très belles épreuves avant la lettre.

COUSINS

50 — La Mère du Sauveur, d'après F. Goodall. Gr. in-fol. en hauteur. Très belle épreuve.

DAUBIGNY

51 — L'Arbre au Corbeau. Très belle épreuve d'artiste sur papier ancien.

52 — Les Bergers. Très belle épreuve d'artiste sur papier ancien.

53 — Le Grand parc à moutons. Très belle épreuve d'artiste sur japon.

54 — Le Gué. Très belle épreuve d'artiste sur hollande.

55 — Les Vendanges. Très belle épreuve d'artiste sur hollande.

56 — Pommiers à Anvers, — L'Oise sous Pontoise. Deux pièces. Très belles épreuves d'artiste.

57 — Le Verger, — Le Pré des Graves, — Le Bac. etc. Cinq pièces. Très belles épreuves avant la lettre.

58 — Le Clair de lune, — A Honfleur. Deux pièces. Très belles épreuves d'artiste sur japon et chine.

59 — A Valmondois, — Bouquet d'arbres, — L'Oise à Méry. Trois pièces. Très belles épreuves d'artiste sur japon.

60 — Le Coup de soleil, d'après Ruysdaël. Très belle épreuve avant la lettre.

61 — La même estampe. Belle épreuve.

DAUBIGNY (d'après)

62 — Les Vendanges, par Lefman. Petit in-fol. en largeur.
Très belle épreuve d'artiste sur hollande.

DECAMPS, MARILHAT

63 — Les Anes sous le toit, — Le Chenil, — La Compagne de
Rosette, etc. Cinq pièces. Belles épreuves avant la lettre.

DELACROIX

64 — Tigre couché (eau-forte), — Weislingen enlevé par les
gens de Gœtz, — Gœtz lisant ses mémoires, — Lion dévo-
rant un cheval. Ensemble quatre pièces. Belles épreuves.

DELACROIX (d'après Eug.)

65 — Son portrait lithographié, par Letoula. Très belle épreuve
d'artiste.

66 — La Barque du Dante, lithographie par Lafosse. In-fol.
en largeur. Très belle épreuve avant la lettre sur chine.

67 — Sujets lithographiés à la plume, par A. Robaut, —
Sujets divers pour *Faust*, *Hamlet*. Douze pièces. Belles
épreuves.

68 — Noce juive, par Chaplin. Très belle épreuve d'artiste.

69 — Sujets divers. Eaux-fortes et lithographies. Douze pièces.
Belles épreuves.

DELAROCHE (d'après)

70 — Béatrice Cenci, in-fol. en largeur par Girardet, — Le
Petit mendiant, in-fol. en hauteur. Deux pièces. Très belles
épreuves.

71 — Le Vendredi saint, — Retour du Golgotha, — Evanouis-
sement de la Vierge, — La Vierge en contemplation.
Quatre pièces in-fol. en largeur. Belles épreuves.

DELATRE (A.)

72 — Cerfs près d'une rivière, — Vue aux environs de Paris.
Deux pièces in-fol. en largeur. Très belles épreuves d'artistes sur japon.

DELAUNEY

73 — Église Saint-Pierre à Caen. Belle épreuve.

74 — Église Notre-Dame de Paris, grand in-fol. en hauteur. Très belle épreuve avant la lettre.

DESBOUTINS

75 — Mlle Mou-Mou. Très belle épreuve avant la lettre.

76 — Promenade du Bébé, — En famille. Deux pièces. Très belles épreuves avant la lettre.

DESVACHEZ

77 — La Vierge, d'après S. Vénitien. Très belle épreuve avant la lettre sur chine.

DETAILLE

78 — Le Cuirassier, — Le Rêve. Deux pièces. Très belles épreuves avant la lettre.

DIDIER

79 — L'Ame, d'après Prud'hon. Très belle épreuve avant la lettre sur chine collé. *cl. f.*

EVERSHED, HÉSELTINE, ETC.

80 — Richmond, — Marines. Quatre pièces. Belles épreuves avant la lettre sur japon.

FELSING

81 — Le Christ el les docteurs, d'après L. de Vinci. Très belle épreuve.

FLAMENG

82 — L'Alsace, d'après Henner. Très belle épreuve avant la lettre sur chine ; signée.

83 — Le Secret de l'amour, d'après Jourdan. Très belle épreuve avant la lettre signée.

84 — Stratonice, d'après Ingres. Très belle épreuve avant la lettre.

FLAMENG

85 — Madame Feydeau. Très belle épreuve avant la lettre sur chine.

86 — Madame Pasca. Très belle épreuve avant la lettre sur chine.

87 — La Source. Belle épreuve avant la lettre sur japon ; encadrée.

88 — Le duc Job, — Un père de l'Église. Deux pièces. Très belles épreuves avant la lettre sur japon.

89 — Sauvée. Pièce allégorigue, eau-forte originale. Belle épreuve avant la lettre.

90 — Le Géomètre, d'après Van der Meer, — Odalisque. Deux pièces. Très belles épreuves avant la lettre.

GAILLARD

91 — Dom Guéranger. Très belle épreuve avant la lettre.

92 — Portrait de la princesse B. Très belle épreuve d'artiste ; signée.

93 — Vénus. Très belle épreuve avant la lettre; signature à la pointe.

94 — Tête de cire du musée de Lille. Très belle épreuve avant la lettre.

95 — L'Homme à l'œillet, d'après Van Eick. Superbe épreuve d'artiste avec la signature à la pointe. Très rare en cet état.

96 — La même estampe. Très belle épreuve.

GAVARNI

97 — Les Douze mois de l'année. Douze pièces et la couverture.

GAUCHEREL

98 — Monuments d'après Duban. Très belle épreuve d'artiste.

GAUTIER (Lucien)

99 — *Vues de Paris.* Le Petit bras de la Seine le 3 janvier 1880, Le Pont de l'Archevêché, — La Place Maubert, — La Rue Galande. Quatre pièces. Très belles épreuves avant lettres sur japon ; signées par l'artiste.

100 — L'Écluse de la Monnaie, — Le Pont des Saints-Pères. Deux pièces. Très belles épreuves sur japon, signées par l'artiste.

GEOFFROY, LEMAITRE, etc.

101 — Intérieur de Harem, d'après Diaz, — Le Berger et la Mer. Deux pièces. Belles épreuves d'artiste, sur chine.

GÉRICAULT

102 — Son Portrait, par lui-même. Belle épreuve.

103 — Chevaux attelés, — Chevaux à l'écurie, — Maréchal ferrant, etc. Onze pièces. Belles épreuves.

104 — Passage du Mont Saint-Bernard, — Lara, — La Fiancée d'Abydos, etc. Quatre pièces. Belles épreuves.

105 — Études de Chevaux d'après nature. Quinze pièces. Belles épreuves.

GÉROME

106 — Le Fumeur (eau-forte originale). Très belle épreuve avant la lettre.

GÉROME (d'après)

107 — Arnautes jouant aux Dames. Très belle épreuve.

GILLI

108 — Portrait de Rembrandt, — L'Enfant et le Chien. Deux pièces. Belles épreuves avant la lettre.

GODEFROY

109 — La Bataille d'Austerlitz d'après Gérard. Belles épreuve.

GONCOURT (DE)

110 — L'Etude, d'après Fragonard,—Sujets, d'après Prud'hon.
Quatre pièces. Belles épreuves avant la lettre.

DE GRAVESANDE, DE GROSEILLEZ

111 — Marines, — Paysages. Cinq pièces. Belles épreuves
avant la lettre.

HANRIOT

112 — Jeune Femme, d'après Pinchart, — Jeune Veuve. Deux
pièces. Belles épreuves avant la lettre.

113 — Salomé, d'après Humbert,—La Jeune Fille et la Mort,
d'après Sarah Bernhardt, — Un Mendiant, d'après B. Le-
page. Trois pièces. Belles épreuves avant la lettre.

114 — Nymphe, d'après Henner, — La Vérité, d'après J. Le-
febvre, — Femme du Pollet, d'après Vollon, — La Sula-
mite, d'après B. Constant. Quatre pièces. Belles épreuves
avant la lettre.

HÉDOUIN

115 — Jeune femme assise, — Paysannes ossaloises. Deux
pièces. Très belles épreuves avant la lettre.

HOLL

116 — The lily of ghent, d'après Absalon. Belle épreuve.

ILLUSTRATION NOUVELLE

117 — Sous ce numéro, il sera vendu par lots environ cinq
cents eaux-fortes de la Société des Aquafortistes et de
l'Illustration nouvelle; toutes épreuves avant lettres sur
japon, chine et hollande.

INGRES

118 — La Chapelle Sixtine, gr. in-fol. en largeur. Très belle
épreuve sur chine.

JACQUE (Ch.)

119 — L'Orage. Très belle épreuve avant la lettre.

120 — La Rentrée, — L'Enfant Prodigue, etc. Cinq pièces.
Belles épreuves.

JACQUEMART (J.)

121 — L'Infante Isabelle, d'après Simon de Vos. Très belle épreuve d'artiste.

122 — Le Soldat et la Fillette qui rit, d'après Van der Neer. Très belle épreuve avant la lettre, encadrée.

123 — Portrait de Rembrandt. Très belle épreuve avant la lettre.

124 — Scène Espagnole, d'après Goya, — L'Écureuil et la Mouche, — Plantes de terre. Titre. Quatre pièces. Belles épreuves.

125 — Bords de la Meuse, — L'Orage, — L'Approche de l'Orage, — Soldat et Fillette. — Jacob Van Veen, etc. Six pièces. Belles épreuves.

126 — Plantes de serre, Frontispice, — Titres du Métropolitan, — Des Fleurs. Quatre pièces. Belles épreuves.

127 — Avant le Bal, — Exécution au Japon. Deux pièces. Très belles épreuves sur japon.

LALANNE

128 — Souvenirs d'Italie, — Le Pont de Mantes-la-Jolie, — Deux pièces d'après Corot. Très belles épreuves sur japon; signées par l'artiste.

129 — Paysages. Deux pièces, d'après Daubigny. Très belles épreuves sur japon, signées par l'artiste.

130 — A Trouville, — Les Roches-Noires, etc. Cinq pièces. Belles épreuves avant la lettre.

LALAUZE

131 — Jeux d'Enfants. Six pièces. Très belles épreuves avant la lettre sur japon.

132 — Sujets d'enfants. Quatre pièces. Très belles épreuves avant la lettre sur japon.

133 — Entrée de Charles-Quint à Anvers, d'après Hans Makart. Très belle épreuve avant la lettre, encadrée.

LALAUZE

134 — Le Baiser, d'après Fragonard, — La Balançoire. Deux pièces. Très belles épreuves avant la lettre sur japon.

135 — Cache-Cache, — La Courante, etc. Cinq pièces. Belles épreuves.

LAUGIER

136 — Les Pestiférés de Jaffa, d'après Gros. Très belles épreuves d'artiste avec les deux cachets.

137 — La Vierge, dite la *Belle Jardinière*, d'après Raphaël. Très belle épreuve avant la lettre.

138 — Le Ravissement de saint Paul, d'après N. Poussin. Très belle épreuve d'artiste sur chine avec les deux cachets.

139 — La Vierge et l'Enfant Jésus, d'après Simon Vouet. Belle épreuve.

LEFÈVRE (A.)

140 — Jupiter et Antiope, d'après le Corrège. Superbe épreuve d'artiste sur chine.

LEGROS

141 — Portrait de Jeune Fille, — Mendiants. Deux pièces. Belles épreuves avant la lettre.

142 — Le Viatique, — le Bucheron et la Mort. Deux pièces. Belles épreuves avant la lettre.

143 — La Pêche, — Mendiants anglais. Deux pièces. Belles épreuves avant la lettre.

LELOIR (Louis)

144 — Un Raffiné, — Portrait d'évêque, — Croquis à l'eau forte. Trois pièces. Très belles épreuves avant la lettre.

LELOIR (Maurice)

145 — Le Trompette, — Scène d'Enfants. Deux pièces. Belles épreuves avant la lettre, sur japon.

LEMAIRE

146 — Sujets de fleurs. Trois pièces. Très belles épreuves avant la lettre, sur japon.

LERAT

147 — Portrait d'une infante d'Espagne, d'après Vélasquez,— Portrait d'après Holbein. Deux pièces. Très belles épreuves avant la lettre.

LEROY

148 — La Cruche cassée, d'après Greuze. Belle épreuve avant la lettre.

J. F. LÉWIS

149 — Eaux-fortes, — Sujets de chasse et Animaux, Recueil dédié à la comtesse d'Harcourt. Douze pièces. Album relié.

LITHOGRAPHIES

150 — Les Artistes anciens et modernes, par Gavarni, Français, Baron, etc Quarante-sept pièces. Belles épreuves.

151 — Les artistes contemporains, — Le Salon, etc. Soixante pièces. Belles épreuves sur chine.

152 — Galeries d'amateurs. Vingt-trois pièces. Belles épreuves.

MANET

153 — Le Polichinelle. Lithogr. originale en couleur. Très-belle épreuve avec les vers de Th. de Banville. Rare.

154 — Le Corbeau. Exemplaire avec la double suite de figures sur chine et hollande. Portant le numéro 13.

MARTIAL

155 — Les Cancalaises. Deux pièces. Très belles épreuves avant la lettre sur japon et hollande.

MASSALOFF ET DIVERS

156 — La Malade, d'après Metzu, — Sujets d'après Ostade. Cinq pièces. Belles épreuves avant la lettre.

MASSARD (L.)

157 — Sauvée. Très belle épreuve avant la lettre.

MEISSONIER

158 — Le petit Fumeur. Très belle épreuve.

159 — Le Polichinelle. Epreuve et contre-épreuve. Deux pièces.

MEISSONIER (d'après)

160 — Portrait d'Alexandre Dumas. Deux pièces par Mongin. Très belles épreuves d'artiste, signées.

161 — Une lecture chez Diderot, par Mongin. Très belle épreuve d'artiste, signée.

162 — Un Gentilhomme, par Lalauze. Très belle épreuve avant la lettre.

163 — Jeune Seigneur, par Rajon. Très belle épreuve avant la lettre, sur japon.

164 — La Halte, par Lalauze. Très belle épreuve avant la lettre, encadrée.

165 — Le Liseur, par Rajon. Très belle épreuve.

166 — Le Portrait du Sergent, — Une Chanson. Deux pièces. Belles épreuves.

167 — Le Liseur, par Jacquémart. Très belle épreuve.

168 — Le Liseur, — Le Hallebardier, — Le Bibliophile. Trois pièces par Carey, Desclaux, Gervais. Belles épreuves.

169 — Le Porte-drapeau. — Un Homme de guerre, — Arquebusier. Trois pièces par Greux, Flameng, Duvivier. Belles épreuves.

MÉRYON (Ch.)

170 — Entrée du faubourg Saint-Marceau, d'après Zeeman. Très belle épreuve avant la lettre.

171 — Pavillon de Mademoiselle, d'après Zeeman. Très belle épreuve avant la lettre.

MÉRYON (Ch.)

172 — Chevet de Saint-Martin-sur-Renelle, d'après P. Langlois. Très belle épreuve.

173 — Le Collège Henri IV. Très belle épreuve avec les bateaux et la mer.

174 — Collège Henri IV. Très belle épreuve terminée.

175 — La rue Pirouette, aux Halles. Très belle épreuve.

176 — Tourelle de la rue de l'École-de-Médecine, — Passerelle du pont au Change. Deux pièces. Belles épreuves.

METZMACHER

177 — La Madonna della Casa, d'après Raphaël. Très belle épreuve.

MICHELIN

178 — Paysages. Deux pièces. Très belles épreuves avant la lettre.

MILLET (J.-F.)

179 — La Cardeuse. Superbe épreuve sur papier de hollande.

180 — La Couseuse. Très belle épreuve sur hollande.

181 — Le Départ pour le Travail. Superbe épreuve du deuxième état, avant l'adresse de Moureaux et les trois points. Sur papier vergé.

182 — La Femme qui bat le beurre. Superbe épreuve sur papier ancien.

183 — La Femme faisant manger son enfant. Belle épreuve sur chine.

184 — La Fileuse. Planche détruite. Très belle épreuve sur papier vergé.

185 — Les Glaneuses. Très belle épreuve sur chine collé.

186 — La Tricoteuse. Superbe épreuve sur papier vergé.

187 — La Veillée. Eau-forte dont la planche a été détruite. Très belle épreuve sur chine.

MILLET (J.-F.)

188 — Mouton paissant. Belle épreuve sur papier ancien.

189 — L'Homme appuyé sur sa bêche, — Les deux Vaches. Deux pièces. Très belles épreuves sur papier vergé.

190 — Feuille contenant différents croquis. Très belle épreuve sur papier vergé ; très rare.

MILLET (d'après J.-F.)

191 — La Fileuse, — Le Bûcheron et la Mort, — Le Vanneur. Trois pièces, lithographie et eaux-fortes. Très belles épreuves avant la lettre.

MONZIÈS (L.)

192 — Le Joueur de Mandoline, — L'Avis du Modèle. Deux pièces. Très belles épreuves avant la lettre, sur japon.

MOUILLERON

193 — Incendie d'un quartier juif, d'après R. Fleury. Très belle épreuve sur chine.

194 — Lithographies d'après Diaz, R. Fleury, etc. Dix-sept pièces. Belles épreuves.

NANTEUIL (C.)

195 — Avenir, — Souvenirs. Deux pièces. Belles épreuves.

196 — Lithographies. Dix pièces. Très belles épreuves avant la lettre.

PARKES

197 — Sailor Boy's Love, d'après Pelham. Belle épreuve.

PERUGINI

198 — La Vierge, l'Enfant Jésus et saint Jean-Baptiste, d'après Raphaël. Très belle épreuve avec les noms des artistes à la pointe.

PONCET

199 — Entrée de Jésus à Jérusalem, d'après Flandrin. Belle épreuve.

PRUDHOMME

200 — Assemblée des États Généraux, d'après Couder. Très belle épreuve d'artiste.

RAFFET

201 — *Maule.* — Généraux Saint-Jean-d'Angély, — Lebrun, — de Saint-Arnauld, — Capitaines Leblanc, — L. Boyer, etc. Sept pièces. Très belles épreuves sur chine.

202 — Portraits divers, — Officiers français et étrangers. Sept pièces. Belles épreuves sur chine.

203 — Voyage dans la Russie méridionale et la Crimée. Cinquante huit pièces, titres et couverture. Très belles épreuves sur chine.

204 — Siège, — Retraite de Constantine, — Souvenirs de Rome. Vingt-cinq pièces. Belles épreuves sur chine.

205 — Siège de Constantine. Sept pièces. Belles épreuves coloriées.

206 — La dernière Charrette, — L'Homme du peuple, — Costumes militaires. Vingt-trois pièces. Belles épreuves.

207 — La Poste royale. Belle épreuve coloriée.

RAFFET (d'après)

208 — Portrait de femme et portrait d'homme. Deux pièces. Très belles épreuves sur chine.

RANSONNETTE

209 — Jésus et la Samaritaine, d'après T. Aligny. Belle épreuve sur chine.

RIBOT

210 — Son portrait, — La Prière, — La Recette, — Menu, — Nature morte, etc. Six pièces. Belles épreuves avant la lettre.

ROC BIHAM (Aufray de)

211 — Le Cerf aux écoutes, — Retour de chasse. Deux pièces grand in-fol. en hauteur. Belles épreuves avant la lettre signées par l'artiste.

ROC BIHAN (Aufray de)

212 — Retour de chasse. Grand in-fol. Très belle épreuve signée par l'artiste.

213 — Le Cerf à l'eau. Très belle épreuve avant la lettre ;
signée.

214 — L'Abreuvoir, — Le Retour de l'étude. Deux pièces.
Très belles épreuves d'artiste, signées, sur japon.

215 — Animaux au pâturage. Très belle épreuve avant la lettre, sur japon.

ROCHEBRUNE (O. de)

216 — *Blois.* — Vue du Château prise de la rue Chémonton.
Très belle épreuve avant la lettre.

217 — *Blois.* — Cour intérieure du Château. Belle épreuve.

218 — *Bourges.* — Cour intérieure de l'hôtel Jacques-Cœur.
Très belle épreuve avant la lettre.

219 — *Chambord.* — Façade orientale du château, — Vue
prise des terrasses, — Lanterne du château. Trois pièces.
Très belles épreuves dont deux avant la lettre.

220 — *Châteaudun.* — Cour du château. Très belle épreuve
avant la lettre.

221 — *Chenonceaux.* — Vue du Château. Très belle épreuve
avant la lettre.

222 — *Écouen.* — Entrée principale du Château sous Louis XIV,
— Façade des Esclaves de Michel-Ange, — Façades dans
la cour. Trois pièces. Très belles épreuves.

223 — *Meillant.* — Vue du Château. Très belle épreuve avant
la lettre.

224 — Le Monument de Saint-Remy en Provence. Très belle
épreuve avant la lettre.

225 — *Nîmes.* — La Maison carrée. Très belle épreuve avant
la lettre.

226 — *Paris.* — La Sainte Chapelle, — Musée de Cluny. Deux
pièces. Très belles épreuves avant la lettre.

ROCHEBRUNE (O. DE)

227 — *Paris.* — Façade du Louvre. Très belle épreuve avant la lettre.

228 — *Pierrefonds.* — Vue du Château, — Vue du Donjon. Deux pièces. Belles épreuves.

229 — *La Rochelle.* — Maison du XVIe siècle. Belle épreuve.

230 — *Rouen.* — Hôtel du Bourgthéroulde. Très belle épreuve avant la lettre.

231 — *Strasbourg.* — Vue de la cathédrale pendant le bombardement. Très belle épreuve.

232 — Église Notre-Dame de Paris. Grand in-fol. en largeur. Très belle épreuve.

233 — Cheminée de Terre-Neuve, — École des beaux-arts, etc. Trois pièces. Belles épreuves avant la lettre.

234 — Église Saint-Paul à Rome. Très belle épreuve avant la lettre.

ROTWELL

235 — Intérieur d'un monument ancien. Très belle épreuve avant la lettre.

ROUSSEAU (TH.)

236 — Le Chêne de Roches, eau-forte originale. Très belle épreuve avant la lettre.

237 — La même estampe. Belle épreuve.

SCHENNIS (DE)

238 — Le Clair de lune. Très belle épreuve d'artiste, signée, sur japon.

SOUMY

239 — François Ier, d'après le Titien. Très belle épreuve d'artiste.

THÉVENIN

240 — La Madonna della Tenda, d'après Raphaël. Épreuve d'artiste sur chine.

UNGER

241 — L'Été, d'après Makart. Très belle épreuve sur chine.

242 — Eaux-fortes, d'après Rembrandt, —Ruysdaël, — Tiépolo,
— Cuyp, — Van der Meer, etc. Dix pièces. Très belles
épreuves sur chine.

VAN MARK, VUILLEFROY, ETC.

243 — Animaux au pâturage. Quatre pièces. Belles épreuves
avant lettres, sur japon.

VOLLON

244 — Vues de Paris. Quatre pièces. Belles épreuves avant la
lettre, sur japon.

WINTERHALTER

245 — L'Impératrice et ses dames d'honneur. Grand in-fol. en
largeur. Très belle épreuve avant la lettre.

Imprimerie PILLET et DUMOULIN, rue des Grands-Augustins, 5, à Paris.